Bisher erschienen:

Der magische Funkelstein
Das Geheimnis der schwarzen Feder
Der verschwundene Fluss

Karen Christine Angermayer

Rubinia Wunderherz

Die mutige Waldelfe

Der magische Funkelstein

Illustriert von Elke Broska

Band 1

Loewe

FSC
www.fsc.org
MIX
Papier aus verantwortungsvollen Quellen
FSC® C109273

ISBN 978-3-7432-0356-3
3. Auflage 2021

Umschlag- und Innenillustrationen: Elke Broska
Umschlaggestaltung: Michael Dietrich
Printed in the EU

www.loewe-verlag.de

Inhalt

Für Johannes. Für Nike. Und für Angela.
Drei zauberhafte Engel und große Schätze.

Wenn der erste Tautropf' fällt,
dann erwacht Rubinias Welt.
Tannen grüßen Vater Sonne,
Maulwürf' rekeln sich voll Wonne.

Zwischen Blättern, Ästen, Zweigen
tanzen Elfen ihren Reigen.
Siehst du Regenbogen blitzen,
sind es ihrer Flügel Spitzen!

Doch ach, weh, auch hier vorm Wald
machen böse Mächt' nicht halt.

Uralt ist der Väter Fehde
und im Wald geht das Gerede,
dass nicht beizulegen sei,
was die Welten einst entzweit.

Wird Rubinias lichtes Wesen
eines Tags die Wahrheit lesen?
Und mit ihrem reinen Herzen
wandeln die verborgnen Schmerzen?

Sei dabei, wenn die Magie
Freud und Licht bringt wie noch nie!
Und auch in dir, so viel ist klar,
steckt ein Körnchen „wunderbar"!

Wie schön ist die Magie!

Es war noch ganz früh am Morgen. Rubinia Wunderherz, die Waldelfe, liebte es, um diese Zeit schon im Wald unterwegs zu sein. Die ersten Sonnenstrahlen brachen durch die Zweige und die Vögel trällerten unter dem Blätterdach der Bäume ihr erstes Konzert.

Die fleißigen Wasserelfen waren schon bei der Arbeit: Sie fingen alle Tautropfen ein, die auf Blumen und Gräsern lagen. Mit kreisenden Bewegungen ihrer Zauberstäbe lenkten sie jeden einzelnen Tropfen von den Blütenblättern und Stängeln in ihre Tongefäße.

„Guten Morgen,

Rubinia!“, riefen sie und winkten der kleinen Waldelfe freudig zu.

„Guten Morgen!“ Rubinia winkte fröhlich zurück, flog weiter und begegnete zwei Blumenelfen, die ebenfalls um diese Uhrzeit schon unterwegs waren: Sie richteten die Pflanzen wieder auf, die über Nacht vom Regen oder ungestümen Tierpfoten leicht geknickt worden waren. Dabei half ihnen die Magie ihrer Zauberstäbe: Sie drehten sie in kleinen Kreisen um die Stängel. Sternchen wirbelten auf und es dauerte nicht lange, da hoben die Blumen ihre Köpfe wieder und streckten sich in Richtung Sonne.

„Hallöchen zusammen!“, rief Rubinia. Die Blumenelfen und auch die Blumen grüßten lächelnd zurück. „Eine schöne Aufgabe hatten diese Elfen“, dachte Rubinia. „Und so tolle Zauberstäbe!“

Rubinias Herz machte einen kleinen, fröhlichen Looping in ihrer Brust. Heute war der große Tag, auf den sie so lange gewartet hatte. Heute würde auch sie endlich erfahren, was ihre Aufgabe im Wald war. Und: Sie würde ihren eigenen Zauberstab bekommen! Sie stellte sich vor, wie sie schon bald mit dem funkelnden Stab durch den Wald sauste und ihn durch ihre Magie erstrahlen ließ: Sie zauberte hier und da kleine Regenbogen, durch die die Rehkitze und andere Tierkinder lachend hindurchsprangen. Blumen und Bäume wuchsen bis in den Himmel und leuchteten in allen Farben ... Sie konnte es kaum erwarten.

Am Nachmittag begann das magische Traubenblütenfest. Es war das größte und schönste Fest im Elfenreich, auf das sich alle Bewohner das ganze Jahr über freuten. Zwei Tage dauerte das

Fest und alle kleinen Elfen bekamen dabei von den weisen Elfen des Rats ihre Aufgabe verkündet. Gleich nach der Schule fand die feierliche Eröffnung statt …

Plötzlich fröstelte Rubinia. Sie flog langsamer und rieb sich die Arme. Da erst bemerkte sie, dass sie in dichten Nebel geraten war. Nebel? Auweia! Rubinia erschrak. Sie hatte vor lauter Träumereien nicht aufgepasst und war im dunklen Teil des Waldes gelandet – bei den Nebelelfen! Eine dichte, düstere Nebelwand trennte das Reich der Nebelelfen vom Reich der Waldelfen. Dieser dunkle Teil des Waldes war für Elfenkinder streng verboten!

Rubinia wusste, dass vor vielen, vielen Jahren ein großer Streit zwischen den Waldelfen und den Nebelelfen entbrannt war, der bis heute nicht geschlichtet war. Des Öfteren trieben die Nebelelfen ihr Unwesen bei den Waldelfen. Sie waren deshalb sehr gefürchtet. Rubinia sah sich um. Der Nebel hatte sie bedrohlich umschlossen. Wie kam sie hier bloß schleunigst wieder heraus?

„Rubinia! Rubinia, wo bist du?", hörte sie jemanden rufen. Es war Enjas Stimme. Enja war Rubinias beste Freundin.

Rubinia folgte der Stimme. Sie glaubte, Enjas Umrisse ganz in der Nähe zu erkennen. Hastig

flog Rubinia auf sie zu. Dabei übersah sie einen Ast und blieb mit ihrem dichten rotbraunen Haar darin hängen. „Los, mach schon, wir kommen zu spät!", rief eine andere Stimme. Das war der Elfenjunge Lorian.

„Ja, ja, ich hab's gleich!", rief Rubinia und zappelte sich mühsam frei. Dann flog sie auf die beiden Freunde zu, die ganz in der Nähe auf einem Baum warteten. Enja zog ihr ein paar Blätter aus den Haaren, die nach allen Seiten abstanden. Lorian, der rundliche Elfenjunge mit den braunen Locken, kicherte: „Du siehst aus wie vom Blitz getroffen!"

„Und du siehst aus, als wärst du in Florentines Teigschüssel gefallen!", gab Rubinia mit funkelnden Augen zurück. „Lass mich raten: Heidelbeerpudding?"

„Wie? Was? Woher weißt du?" Lorian sah ertappt an sich herunter.

Rubinia deutete auf seinen Mundwinkel. Lorian wischte sich mit der Hand über den Mund

und schaute auf seine Handfläche. „Tatsächlich! Weiß gar nicht, wo der herkommt!"

„Ich schon!", rief Rubinia und zeigte auf die süßen Hörnchen, die aus seiner Westentasche ragten. Sie kannte Lorians Vorliebe für die Köstlichkeiten aus Florentines Waldkonditorei. Er naschte gern und war eher von der gemütlichen Sorte, was man seinem kleinen Bäuchlein und den runden Pausbacken ansah.

Ein winziger gelber Schmetterling landete auf seiner Schulter. „Hey, komm her, Kleiner!" Behutsam ließ ihn der Elfenjunge auf seinen Zeigefinger krabbeln, hielt den Finger in die Luft und der Schmetterling flatterte weiter.

Rubinia fiel auf, dass Lorian eine schicke Weste trug. Das tat er doch sonst nie. Auch Enja hatte

ein wunderschönes blau schillerndes Kleid an. Ihr blondes Haar war seidig weich gekämmt und an den Seiten zu zwei kunstvollen Strähnen geflochten.

„Sollten wir uns heute besonders fein machen?“, fragte Rubinia stirnrunzelnd.

Enja nickte. „Wir müssen doch nachher bei der Aufgabenverteilung alle einzeln auf die Bühne! Hast du das etwa vergessen?“

Rubinia schlug sich an die Stirn. Tatsache!

Daran hatte sie nicht gedacht. Sie war, wie immer, in ihre praktische Waldkleidung geschlüpft: ein orangefarbenes Oberteil ohne Ärmel, eine praktische grüne Hose und ihre festen Stiefel, die sie selbst aus Schilfgras und Moos hergestellt hatte. Dazu ihr zerzaustes Haar ... Auweia.

Rubinia dachte kurz nach. Dann sagte sie: „Was soll's! Ich gehe so, wie ich bin. Die weisen Elfen im Rat werden uns unsere Aufgaben doch wohl nicht nach unserem Aussehen zuteilen, sondern nach unserem Können. Stimmt's oder hab ich recht?"

Lorian und Enja warfen sich einen Blick zu. Hoffentlich gab das keinen Ärger! Im Elfenrat saßen einige sehr strenge Elfen.

Die drei Freunde nahmen Kurs auf die Waldschule.

Eine große Enttäuschung

In den ausladenden Kronen und unter den Wurzeln mehrerer großer Buchen hatten die verschiedenen Elfenklassen Unterricht. Auch junge Eichhörnchen, Käfer, Vögel und andere Tiere wurden hier in den Lauf der Natur und das Leben im Wald eingeweiht. Alle flogen, krabbelten und trippelten eilig zu ihren Lehrern.

„He, lasst das!“, rief der kleine Biber Baldur empört. Zwei größere Dachsbrüder hatten ihn angerempelt. Doch die Dachse lachten nur hämisch und äfften ihn nach: „He, lasst das ...“ Baldur starrte ihnen verletzt nach.

„Sofort aufhören!“, ertönte die schneidende Stimme von Lehrerin Severine, die gerade an ihnen vorbeiflog. Severine war eine sehr strenge Elfe. Sie war hochgewachsen und trug eine winzige runde Brille. Ihr Haar hatte sie zu einem festen schwarzen Knoten gefasst und ihre Ohren hörten selbst das kleinste Rascheln und Wispern. Vielleicht waren sie deshalb noch spitzer als die der anderen Elfen. Baldur und die Dachsbrüder nahmen Kurs auf die Baumwurzel, die ihr Klassenzimmer war. Rubinia, Enja und Lorian folgten Severine weiter nach oben zu einer großen Astgabel. Sie setzten sich schnell. Alle anderen Elfenkinder waren schon da.

„Ich bitte um Ruhe!", rief Severine heute oft. Doch trotz vieler Ermahnungen hörte ihr niemand richtig zu. Alle waren aufgeregt, tuschelten und dachten an nichts anderes als an das Traubenblütenfest. Vier Haselnüsse plus sieben Haselnüsse? Wie viel das ergab und ob eine Kiefer Blätter oder Nadeln hatte – davon wollte heute kein Elfenkind oder Tierkind etwas wissen!

Alle atmeten hörbar auf, als die Glockenblumen am Fuße der Schulbäume um Punkt 12 Uhr endlich läuteten.

„Schule aus, hipp, hipp, hurra!", riefen alle.

Severine schüttelte seufzend den Kopf.

Gemeinsam setzte sich der lange Zug der Elfen- und Tierkinder in Richtung Festplatz in Bewegung.

Der Festplatz lag auf einer Lichtung, die so versteckt war, dass kein anderer außer den Waldbewohnern sie kannte. Die Blumenelfen hatten unzählige weiße und rote Rosenblätter auf den Waldboden regnen lassen. Die Blätter ergaben ein wunderschönes Muster mit einem roten Teppich, der zur Bühne führte.

Rubinia stand mit Lorian zusammen in der Menge der Zuschauer. Um sie herum war aufgeregtes Plaudern und Gelächter zu hören. Enja und Lorian winkten ihren Eltern zu, die auch unter den Zuschauern waren.

„Viel Glück, mein Kind!", sagte plötzlich jemand in Rubinias Ohr. Sie lachte und umarmte Florentine, eine fröhliche, beleibte Elfe, die die Waldkonditorei leitete. Rubinia war nicht ihr leibliches Kind, doch seit Rubinias Eltern vor ein paar Jahren bei einem starken Sturm im Wald ums Leben gekommen waren, kümmerte sich Florentine liebevoll um die kleine Elfe.

„Ich bin sehr stolz auf dich!", sagte Florentine und wischte sich eine Träne aus ihrem Augenwinkel. „Und jetzt muss ich mich wieder um meine Törtchen kümmern, sonst werden sie alle gefuttert, bevor das Fest angefangen hat!" Sie warf Lorian einen vorwurfsvollen Blick zu und flog davon.

Dann betrat Enja die Bühne. Sie würde das Fest mit einem Stück auf der Spinnwebenharfe eröffnen. Enja begann zu spielen. Ihre feinen Finger glitten sanft über die fast durchsichtigen Spinnwebensaiten und entlockten ihnen die reinsten und schönsten Töne. Alle Zuhörer waren mucksmäuschenstill. Sogar die Bäume schienen zu lauschen und wiegten ihre Blätter sanft im Takt der Musik.

Während Enja musizierte, schwebte der Rat der weisen Elfinnen und Elfen auf die Bühne. Sie sahen sehr beeindruckend aus in ihren langen dunkelblauen Gewändern mit den silbernen Krägen.

Nachdem Enja begeisterten Applaus für ihr Spiel geerntet hatte, ging es los. Eine der weisen Elfinnen mit Namen Vidoria trat vor.

„Auch in diesem Jahr dürfen wir uns auf ein buntes und reichhaltiges Programm freuen", sagte sie, nachdem sie die Elfen, die Tiere, die Pflanzen und die Bäume begrüßt hatte. „Doch zunächst wollen wir die Aufgaben an unsere jungen Elfen verteilen."

Alle Elfen im Alter von Rubinia, Enja und Lorian hielten den Atem an. Vidoria fuhr fort: „Die Aufgabe ist der Beitrag, den jeder von uns zum Gelingen unserer friedlichen Gemeinschaft leistet."

Rubinia schlug das Herz bis zum Hals. Auch Lorian trat unruhig von einem Bein auf das andere. Enja hatte sich wieder zu ihnen gestellt und Rubinia flüsterte ihr zu: „Du bekommst sicher eine Aufgabe mit Musik oder Kunst!“ Enja war nämlich nicht nur musikalisch sehr begabt, sondern auch darin, besondere Holzfiguren zu schnitzen oder bunte Blütenkränze zu flechten.

Die Freundin lächelte geschmeichelt. „Und du bekommst sicher auch eine tolle Aufgabe. Du bist so mutig und folgst immer deinem Herzen, egal, was andere sagen!“ Hinter ihnen räusperte sich jemand. Enja verstummte.

Lorian wurde als Erster auf die Bühne gerufen. Er war schüchtern und traute sich nicht gleich. Rubinia schubste ihn ermunternd an. „Los, das schaffst du!“ Der Elfenjunge flog los.

Vidoria legte Lorian eine Medaille um den Hals, auf der kleine Tierkinder abgebildet waren. „Lorian, du gehst immer sehr liebevoll und umsichtig mit Tieren um. Deine Aufgabe wird es sein, dich um die kleinen Tiere im Wald zu kümmern!"

Lorian strahlte. Rubinia freute sich. Das passte gut zu ihm! Ricki, das Taxi-Eichhörnchen, wurde Lorian zur Seite gestellt. Es sollte ihn schnell wie der Blitz immer dorthin bringen, wo seine Hilfe gebraucht wurde. Außerdem erhielt Lorian einen wunderschönen Zauberstab. Stolz, aber auch etwas ungelenk stieg Lorian auf Rickis Rücken. Doch schließlich klappte es und die beiden ritten gemeinsam unter Applaus von der Bühne. Lorians Wangen glühten vor Freude.

Und auch Ricki schien mächtig stolz zu sein: „Ich dich hin überall bringe! Willst wo immer du hin!“, rief er. Ricki sprach immer so aufgeregt und schnell, dass er die Wörter im Satz vertauschte.

Nach Lorian kamen mehrere Elfenkinder an die Reihe, die sich um junge Bäume, die Sauberkeit des Waldbodens und um den Schulgarten kümmern durften. Zwei weitere Elfenkinder würden

Florentine in der Waldkonditorei zur Hand gehen. Alle freuten sich und begutachteten fasziniert ihre wunderschönen Zauberstäbe, die sie erhalten hatten. Manche probierten sie direkt aus, was nicht immer gleich klappte.

Dann kam Rubinia an die Reihe. Als sie auf die Bühne flog, tuschelten ein paar Dorfbewohner, weil sie nicht passend gekleidet war. Auch einige Mitglieder des Elfenrates warfen ihr missbilligende Blicke zu. Rubinia bemerkte es und strich sich mit den Händen über das verstrubbelte Haar, was jedoch wenig half. Sie lächelte die weisen Elfen freundlich an.

Marandor, ein großer Elf mit schulterlangem weißen Haar, kam mit einer Medaille auf sie zu. Seine Lachfältchen um die Augen verrieten, dass er Spaß verstand.

„Rubinia, du erhältst heute eine Aufgabe, die es bisher noch nicht bei uns gab. Doch der Rat ist sich einig, dass es diese Aufgabe ab sofort geben muss, denn die Dinge hier im Wald haben sich verändert. Sehr verändert", sagte er und machte eine bedeutungsvolle Pause.

Rubinia schluckte. Was meinte er damit? Und wo war ihr Zauberstab? Hatte er ihn vergessen?

„Trotz aller Freude, die wir heute erleben dürfen, hat es in letzter Zeit vermehrt düstere Vorkommnisse hier im Wald gegeben." Marandor sah in die Ferne, in Richtung des dunklen Teils des Waldes, in den sich Rubinia am Morgen verirrt hatte. Der weise Elf fuhr fort: „Es ist von äußerster Wichtigkeit, dass endlich wieder Gerechtigkeit, Wahrheit und Harmonie hier im Wald herrschen." Die Waldbewohner applaudierten begeistert. Niemand hörte, dass er leise hinzufügte: „Und eines Tages auch wieder Licht ins Dunkle kommt ..."

Rubinia wurde langsam ungeduldig. Wovon

redete er? Wahrheit, Gerechtigkeit und was war das Dritte? Haaa ... Haferbrei? Haarshampoo? Und wann kam er endlich auf ihre Aufgabe zu sprechen?

„Und genau diese Aufgabe möchten wir dir anvertrauen, liebe Rubinia!“

Er drehte sich zu einem jungen Elfen um, der ihm ein Kissen aus dunkelblauem Samt reichte. Darauf lag eine handtellergroße Scheibe aus edlem Holz. In Blütenform waren darauf sieben verschiedene Edelsteine angebracht: ein großer Rubin in der Mitte, die anderen sechs um ihn herum.

„Um dich bei deiner Aufgabe zu unterstützen, erhältst du dieses Amulett“, sprach Marandor weiter. Er reichte ihr die edle Holzscheibe.

Rubinia sah auf die Scheibe mit den Steinen. Zugegeben, sie war sehr schön, aber wo war ihr Zauberstab? Bekam sie keinen? „Ja, aber was ist mit meiner Magie?“, fragte sie.

Die Zuschauer raunten auf. Niemand wagte es, einem Mitglied des Rats Fragen zu stellen!

Doch Marandor hatte in diesem Fall Verständnis und antwortete: „Du hast ein reines, unvoreingenommenes Herz. Und das ist genau das, was du für diese Aufgabe brauchst. Das Amulett

kann zwar nicht zaubern wie ein Zauberstab, doch es hat eine andere Art der Magie. Du wirst selbst herausfinden, auf welche Weise es dir zu Diensten ist." Er sah sie noch einmal lange an. Lag etwas Besorgtes in seinem Blick? „Mögen dich alle guten Mächte des Himmels und der Erde beschützen." Dann drehte er sich um und ging.

Jubel und Applaus brandeten auf. Alle Waldbewohner waren von Rubinias Aufgabe begeistert. Nur Rubinia stand auf der Bühne und wusste nicht, was sie sagen sollte. Kein Zauberstab … „Ich habe die unzauberhafteste Aufgabe, die es gibt", ging es ihr durch den Kopf.

Durch die Tränen hindurch, die plötzlich ihre Augen füllten, sah sie, dass Enja und Lorian sie zu sich winkten.

Doch sie erhob sich und flog über die beiden hinweg. Sie hätte gerne mitbekommen, welche Aufgabe Enja erhalten würde, aber sie hielt es keine Sekunde länger aus. Sie musste fort von hier, ganz schnell!

Rubinia tut etwas Verbotenes

Auf den samtweichen, dicht mit Moos bewachsenen Wurzeln von Kornelius konnte man hervorragend ruhen und nachdenken. Kornelius war eine uralte Eiche. Er bemerkte sofort, dass seine kleine Freundin traurig war, doch er fragte nicht nach, sondern streichelte ihr mit ein paar Blättern sanft übers Haar.

Der Baum wusste bereits, was auf der Bühne passiert war. Die Bäume im Wald trugen wichtige Informationen mit dem Rauschen ihrer Blätter weiter. Und so hatte Kornelius längst von Rubinias Aufgabe erfahren.

„Gerechtigkeit, Wahrheit und Harmonie sind wichtig für eine Gemeinschaft", erklärte er ihr, noch bevor sie etwas sagte.

„Hm", brummte Rubinia.

„Alles im Leben hat seinen Sinn", fügte Kornelius aufmunternd hinzu.

„Hmhm", brummte Rubinia verneinend.

„Doch! Auch Erdbeerkringel haben ihren Sinn, wahrscheinlich sogar den größten Sinn überhaupt!", rief Lorian, der unbemerkt neben Rubinia aufgetaucht war.

Er ließ sich neben ihr ins Moos fallen, holte einen Erdbeerkringel aus seiner Tasche und bot ihn ihr an. Rubinia schüttelte den Kopf.

Der Elfenjunge dachte nicht lange nach, sondern biss selbst hinein. „Mhmm … Florentine ist einfach die Beste!“ Dann putzte er sich die Hände an seiner Weste ab und rappelte sich auf. „Ups, fast hätte ich's vergessen: Wir müssen los. Das Fest geht weiter und gleich beginnt das Blütenkisten-Rennen. Das wird sicher wieder spannend. Komm!“

Rubinia blieb sitzen.

„Geh mit ihm.“ Kornelius ließ seine Wurzeln

unter Rubinia knacken, sodass sie etwas aufgeschuckelt wurde. „Das schöne Fest wird dich ablenken."

„Und wir haben es Baldur versprochen!", erinnerte Lorian sie. Er hatte recht. Sie hatten es dem kleinen Biber fest zugesagt, ihn beim Blütenkisten-Rennen anzufeuern. Langsam erhob sich Rubinia. Gemeinsam flogen sie zurück zum Festplatz. Sonst war sie Lorian in der Luft immer einige Meter voraus, doch heute war sie so betrübt, dass sie nur sehr mühsam vorankam.

Enja erwartete sie schon und nahm ihre Freundin in den Arm. „Da seid ihr ja, ich habe mir schon Sorgen gemacht. Geht es dir besser?"

Rubinia schniefte und schüttelte den Kopf. „Und du? Hast du auch so eine spannende Aufgabe wie ich?" Das Wort „spannend" sprach sie aus, als meinte sie „bescheuert".

„Ich darf die Allee, die zum Schloss führt, schmücken", berichtete Enja stolz. „Der Rat hat mich um geschnitzte Verzierungen und Blütenkränze für alle Bäume gebeten. Da bin ich eine Weile beschäftigt!“ Enja lachte.

„Wow, das ist toll!“ Rubinia freute sich ehrlich mit ihrer Freundin. Da sah sie Marandor mit einem anderen weisen Elfen durch die Menge schreiten.

Ohne nachzudenken, flog sie auf ihn zu. Sie wusste, dass es verboten war, einen Ältesten einfach anzusprechen. Man bat vorher über einen Boten-Elfen um einen Termin. Doch so lange konnte sie nicht warten. Außerdem war kein Bote weit und breit zu sehen.

Marandor war mit dem anderen Elfen ins Gespräch vertieft. Rubinia flog neben ihm her und räusperte sich auffallend, doch die beiden nahmen keine Notiz von ihr. Sie hustete kräftiger. Doch auch

das nahmen die beiden nicht wahr. Beherzt zupfte Rubinia Marandor am Gewand.

Er blieb stehen und sah sie missbilligend an.

Ein paar Umstehende beobachteten das Ganze gespannt. Die kleine Elfe war ganz schön mutig!

Rubinia holte tief Luft. „Ich – ich möchte um eine andere Aufgabe bitten“, sagte sie. Jetzt war es heraus.

Marandor sah sie einen Moment lang schweigend an. Er mochte die kleine Elfe, doch er durfte sie nicht anders behandeln als die anderen Waldbewohner. Er winkte einem Boten, der neben ihm aufgetaucht war, und sagte zu ihm: „Richte der Waldelfe Rubinia Wunderherz aus, dass die Aufgaben verteilt sind.

Eine Änderung hat es noch nie gegeben. Und das wird immer so sein." Damit ging er davon.

Was? Rubinia sah ihm verzweifelt nach. Sie wollte ihm etwas nachrufen, doch Enja hielt sie zurück. „Komm jetzt, sonst bekommst du noch großen Ärger."

„Den hab ich doch sowieso schon!", schimpfte Rubinia und stampfte mit dem Fuß auf. „Warum bekomme ich ausgerechnet die blödeste Aufgabe von allen?"

„Du hast eine sehr besondere Aufgabe bekommen", sagte Enja aufmunternd. „Deine Aufgabe gab es bisher noch nie."

„Na toll! Weil sie kein Elf braucht – und schon gar nicht ich!", rief Rubinia zornig und stapfte davon.

Betrug beim Blütenkisten-Rennen?

Hey, Rubinia! Da bist du ja, ich dachte schon, du kommst nicht mehr!" Der kleine Biber Baldur, der bereits mit den anderen Rennteilnehmern am Start stand, war sichtlich erleichtert, als er die kleine Elfe sah. Rubinia klopfte ihm auf die Schulter. „Versprochen ist versprochen ...", sagte sie und Baldur stimmte mit ein: „... und das wird nicht gebrochen!" Stolz deutete der Biber auf seine Kiste, die er feuerrot angemalt hatte. Darauf prangte der Kopf eines Königsadlers. Und weil die Blütenkisten, so die Regel, auch immer etwas mit Blüten zu tun haben mussten, hatte Baldur dem Königsadler kurzerhand ein Gänseblümchen in den Schnabel gelegt.

„Du glaubst doch nicht, dass

du mit dieser Pupskiste gewinnst?", riefen die Dachsbrüder, die ganz in der Nähe standen. Ihre beiden Kisten waren um einiges größer als Baldurs, aber bei Weitem nicht so fantasievoll bemalt. Rubinia sah den kleinen Biber ermutigend an und hob den Daumen: „Du schaffst das!"

Die Rennbahn ging einen steilen Hang hinab. Viele Waldbewohner hatten sich versammelt, um die originellen Rennkisten zu sehen und ihre Fahrer anzufeuern.

Rubinia wusste, dass Baldur schon zum dritten Mal an diesem Rennen teilnahm. Sie wünschte es ihm sehr, dass er diesmal gewann.

„Drei, zwei, eins … LOS!“, rief Otto Otter, der Schiedsrichter, und schwenkte eine schwarz-weiß karierte Fahne.

Die Rennfahrer schoben ihre Kisten an, sprangen hinein – und ab ging die Post! Unter den Teilnehmern konnte Rubinia ein Wiesel ausmachen, zwei Dachse, vier Igel sowie Baldur, seine beiden größeren Biberbrüder und mehrere kleinere Tiere.

Die Dachse johlten laut. „Weg da, ihr Babys! Ist das hier heute ein Kindergarten-Rennen, oder was?“, riefen sie.

Ein paar Zuschauer empörten sich darüber.

Baldurs Blütenkiste war zwar klein, aber sehr schnell und wendig. Mühelos wich er einem der Dachsbrüder aus, geschickt überholte er einen der Igel …

„Baldur! Baldur! Baldur! …", riefen Rubinia und Lorian wie aus einem Mund.

Baldur winkte ihnen zu – da passierte es: Seine Kiste kam ins Schleudern und raste auf eine Baumreihe zu, die links von der Rennbahn stand. Baldur drehte das Lenkrad verzweifelt nach rechts, doch es reagierte nicht. Die Bäume waren nur noch wenige Meter von ihm entfernt …

„Hilfe!", rief er. „Hilfe!"

Die Zuschauer schrien erschrocken auf und hielten den Atem an.

Kaum jemand bekam mit, dass Didi Dachs gerade ins Ziel fuhr. Fast alle Blicke waren auf Baldur gerichtet. Zum Glück verfehlte der kleine Biber die Bäume um Haaresbreite und bretterte mit seiner Kiste in einen großen Busch.

Blätter wirbelten auf. Dann wurde es still. „Puh, das war knapp!“, seufzte Lorian.

„Damit ist dieses spannende Rennen zu Ende! Morgen bei der Siegerehrung werden …“ Rubinia hörte nicht mehr, was Otto Otter verkündete. Sie flog mit Lorian in Windeseile auf den Busch zu. „Baldur? Baldur!“, riefen beide. Der kleine Biber war nicht zu sehen.

„Baldur! Bist du okay?“, rief Rubinia noch einmal.

Und da saß der Biber, zusammengekauert neben seiner Kiste, den Kopf in seinen Pfoten vergraben. Seine Kiste lag mit der Unterseite nach oben im Gras. Sie hatte ein Seitenteil sowie ein Rad verloren und der vormals edle Adler sah ziemlich verschrammt aus.

Lorian legte Baldur eine Hand auf die Schulter.

„Meine Kiste war so gut! Drei Monate habe ich an ihr gearbeitet!", heulte das Biberkind. „Und dann … dann versagt die Lenkung – einfach so! Verhexte Wurmkacke!"

Rubinia betrachtete die ramponierte Blütenkiste und dachte nach. Baldur war handwerklich sehr begabt. Es war sehr ungewöhnlich, dass er Fehler beim Bau der Kiste gemacht haben sollte … Auf der Unterseite der Kiste bemerkte sie viele feine Spuren und Löcher. Was war das? Ihr Herz begann auf

einmal, sehr laut und sehr schnell zu pochen. Was hatte das zu bedeuten?

Bevor sie weiter darüber nachdenken konnte, tauchten Baldurs Brüder lautstark schimpfend neben ihnen auf. „Denen werden wir es heimzahlen!“, riefen sie und hoben ihre Fäuste in Richtung der Dachse, die Didis Sieg feierten.

„Wartet“, beruhigte Rubinia sie. „Ihr könnt die Dachse nicht einfach beschuldigen, bevor ihr keine Beweise habt“, sagte sie.

„Pah!", erwiderte einer der Biberbrüder. „Die Dachse machen Ärger, wo sie gehen und stehen. Nur durch ihre bloße Anwesenheit verbreiten sie Stunk!"

Rubinia winkte Lorian zu sich. Gemeinsam halfen sie Baldur, seine Kiste aus dem Busch zu ziehen und ins Dorf zu schieben, wo das Fest in vollem Gang war.

Doch Rubinia war in Gedanken immer noch beim Blütenkisten-Rennen und bekam kaum etwas von den schönen Tänzen und Liedern mit.

Sie ging früh zu Bett. Florentine schaute, wie jeden Abend, noch bei ihr vorbei. Sie strich Rubinia über den Kopf, als sie merkte, dass die kleine Waldelfe sehr betrübt war. „Morgen sieht die Welt wieder besser aus", sagte sie und küsste sie auf die Stirn. „Gute Nacht, mein Herzblatt."

„Nacht", murmelte Rubinia nachdenklich.

Als Florentine wieder zu den anderen geflogen war, sah Rubinia durch das Baumloch in ihrer

Behausung nach draußen. Der Vollmond war gut zu sehen. Er tauchte den Wald in ein silbriges Licht und ließ ihn noch magischer erscheinen, als er es ohnehin schon war. Magie ...

„Warum habe ausgerechnet ich keine Magie bekommen?", fragte sich Rubinia und wurde schlagartig wieder traurig. Eine Träne rann über ihre Wange und versickerte in ihrem Mooskissen. Sie dachte an den Moment zurück, als die Aufgaben verteilt worden waren ... und sie dachte an das Blütenkisten-Rennen. Hatten die Dachse etwas mit Baldurs Unfall zu tun? Sie waren mehrmals so böse gewesen ... Plötzlich fiel Rubinia etwas ein, doch sie erinnerte sich nicht genau.

Irgendetwas an der Kiste war ihr aufgefallen. Was war es nur gewesen?

Der Rubin auf ihrem Amulett leuchtete plötzlich auf und auch ihr Herz begann wieder, laut und schnell zu pochen. Was bedeutete das? „Die Wahrheit!", flüsterte sie. Und laut sagte sie: „Ich muss die Wahrheit herausfinden!"

Sie schlug ihre weiche Moosbettdecke zurück. Jungen Elfen war es verboten, nachts alleine im Wald unterwegs zu sein. Doch die anderen waren alle mit dem Fest beschäftigt. Niemand würde sie entdecken. Außerdem brauchte Baldur dringend ihre Hilfe. Sie steckte sich ein paar Sonnenblumenkerne für unterwegs ein, befestigte das Amulett an ihrem Gürtel und flog los.

Nachts am Biberfluss

Rubinia liebte den Wald. Sie hatte keine Angst vor ihm, ob es dunkel war oder hell.

Der Vollmond leuchtete ihr den Weg. Ganz in der Nähe vernahm sie das Gluckern des Biberflusses.

Am Fluss war alles ruhig. Die Biber im Damm schienen zu schlafen. Im Licht des Mondscheins fand Rubinia Baldurs Rennkiste. Sie flog darauf zu.

Da versperrte ihr eine große pelzige Gestalt den Weg. „Sieh mal an! So eine kleine Elfe bei Nacht unterwegs? Und ganz allein? Solltest du nicht in deinem weichen Bettchen sein?“ Die Stimme klang heiser

und bedrohlich. Es war Didi Dachs. Was machte er hier?

„Ich, ich mache nur eine Nachtwanderung!“, erwiderte Rubinia schnell. „Das ist eine Hausaufgabe – für die Schule!“

„Ach, wirklich? Und warum sehe ich dann sonst niemanden aus deiner Klasse? Na, das kannst du ja gleich alles der Wachpatrouille erzählen, die hier jeden Moment vorbeikommt. Ich habe sie schon gerochen!“

Er schnüffelte mit seinen riesigen schwarzen Nasenlöchern.

Rubinia erschrak. Die Wachpatrouille war ein stinkender schwarzer Troll, dem Rubinia lieber aus dem Weg ging.

Sie musste wohl bei Tag noch einmal zurückkommen, um mehr über die Kiste herauszufinden. Aber was hatte Didi hier zu suchen gehabt?

Auf Spurensuche

Wie viele Tannenzapfen bleiben übrig, wenn die Eichhörnchen 13 wegnehmen?" Severines strenge Stimme riss Rubinia aus ihren Gedanken. Die Lehrerin zeigte mit ihrer Weidenrute auf eine hölzerne Tafel, auf die viele Zapfen gemalt waren.

„Ähm ... sieben?", fragte Rubinia. Sie hatte geraten.

„Falsch!", rief die Lehrerin.

„Drei!", zischte der kleine Buchenzweig, der Rubinia als Stütze für ihre Schiefertafel diente. Buchen waren sehr gut im Rechnen.

Severine hatte es gehört. „Na, na, nicht vorsagen!"

Während Enja aufgerufen wurde, die

die richtige Antwort wusste, schweiften Rubinias Gedanken wieder ab. Wer könnte ihr helfen, das Rätsel um Baldurs Kiste zu lösen? Feodor fiel ihr ein. Sie musste zu Feodor!

Gleich nach der Schule flog Rubinia zu ihm.

Feodor war ein Farn und wohnte mit seiner großen Familie am Rande des Waldes. Er hatte eine vornehme Art, die Rubinia oft zum Lachen brachte. „Mylady, wie ist das werte Befinden?", rief er auch gleich, als sie kam, und machte eine ausladende Verbeugung, indem er seine prächtigen Blätter zu Boden neigte.

„Mir geht's gut, danke", sagte Rubinia. Sie hatte nicht viel Zeit. „Hör zu, ich muss dich was Wichtiges fragen." In wenigen Worten berichtete sie ihm von dem Vorfall beim Rennen. „Hast du gestern etwas Außergewöhnliches gehört oder gesehen?", fragte sie Feodor.

„Oh, ich habe so einiges gehört und gesehen!", antwortete der Farn. „Beim Traubenblütenfest ist der

Wald ja so voll von Geräuschen und Geplapper, das kannst du dir nicht vorstellen! Das Maulwurfballett soll ja der Hammer gewesen sein und erst die –“

„Nein, nein“, unterbrach ihn Rubinia schnell. „Ich meine, hat irgendjemand etwas über Baldur und seinen Unfall gesagt?“

Feodor überlegte kurz, dann schüttelte er seine

Blätter. „Ich weiß von nichts. Aber frag doch mal Mozzarella. Er war beim Rennen dabei!"

Rubinia bedankte sich und flog weiter. Mozzarella, der Igel aus Italien, hielt gerade sein Mittagsschläfchen. „Ciao, bella!", sagte er schläfrig, aber erfreut, als er Rubinia sah. „Was kann ich für dich tun?", fragte er.

„Warst du gestern beim Blütenkisten-Rennen?", fragte Rubinia.

„Sì, naturalmente", rief er. „Vier Cousins von mir haben mitgemacht! Wie schade für den kleinen Biber, nicht wahr?"

Rubinia hörte ihm aufmerksam zu. „Hast du mitbekommen, dass es vorher Streit gab oder so?"

Der Igel überlegte. „No. Die Dachse und ein paar andere große Tiere haben ihre Witze gemacht, wie immer. Aber sonst weiß ich nixe ... Doch, halt, aspetta ... Baldur hat vor dem Start sein Ohr an die Kiste gelegt, so als würde er komische Geräusche hören ..."

Rubinia horchte auf. Geräusche? Was konnte das bedeuten? Der Rubin an ihrem Amulett leuchtete wieder auf und im gleichen Moment konnte Rubinia auch ihr Herz stärker schlagen hören. Was wollte es ihr sagen?

Die Waldelfe flog schnell zurück zum Festplatz.

Streit im Stamm

Auch heute, am zweiten und letzten Tag, gab es wieder sehr fantasievolle Aufführungen auf dem Traubenblütenfest. Nachdem sie dem Tanz der Libellen zugeschaut hatten und einem sehr witzigen Quak-Konzert der Frösche, stärkten sich Rubinia, Enja und Lorian im Schatten einiger Laubbäume bei Waldmeisterlimo und Himbeertörtchen.

Auf einmal gab es Tumult. Die Biberbrüder prügelten sich mit den Dachsbrüdern. Ein paar kräftige große Helfer-Elfen versuchten, die Streitenden zu trennen.

„Ihr seid schuld, dass unser Bruder verloren hat!“, hörte man einen der großen Biber rufen.

„Heul doch! Sein Puppenwagen hat ganz einfach versagt, das ist alles!“, gab Didi Dachs zurück.

Rubinia schüttelte den Kopf. Streit machte Baldurs Kiste auch nicht wieder heile.

Da hörte sie eine zänkische weibliche Stimme. „Heribert, dieser neue Baum ist fürchterlich! Ich möchte sofort wieder in unser altes Zuhause zurück!" Wo kamen die Stimmen her?

Rubinia sah sich um. Ihre Freunde hatten scheinbar nichts gehört. In dem Moment tauchte aus dem Baumstumpf neben ihr eine Käferdame auf.

„Heidegunde, so warte doch!", rief eine männliche Stimme, die wohl zu dem Ehemann gehörte.

„Nein, ich gehe jetzt. Ich möchte das Eulen-Quiz nicht verpassen!" Die Käferdame erhob sich und flog eilig davon.

Rubinia erkannte sie als Nagekäfer, deren Larven

aussahen wie kleine Würmer. Man nannte sie auch Holzwürmer.

Rubinia trank ihre Limonade aus und erhob sich flügelschlagend.

„Wo willst du denn hin?“, fragte Enja.

„Erzähl ich euch später!“, rief Rubinia. Jetzt, wo alle auf dem Fest waren, war die beste Gelegenheit, sich noch einmal Baldurs Kiste anzuschauen.

Enja erhob sich ebenfalls, sie hatte gleich einen weiteren Auftritt mit der Harfe. Lorian stopfte sich die Reste eines Törtchens in die Westentasche und folgte ihr.

Die Spur führt ins Holz

Rubinia flog zu dem Hang, an dem das Blütenkisten-Rennen stattgefunden hatte. Sorgsam suchte sie mit ihren Blicken das Gras ab. Es musste doch einen Hinweis geben, warum die Lenkung von Baldurs Kiste nicht mehr funktioniert hatte ... Doch sie fand nichts.

Sie wollte gerade umkehren, da fiel ihr Blick auf eine kleine Holzscheibe, in deren Mitte ein Loch gebohrt war. Sie hob sie auf. Stammte sie von Baldurs Kiste? Es war nichts Ungewöhnliches daran, doch sie nahm sie mit. Als sie gerade losfliegen wollte, bemerkte sie, dass der Rubin an ihrem Amulett wieder aufleuchtete. Diesmal noch stärker als sonst. Und als hätte man die Uhr danach stellen können, spürte Rubinia auch ihr Herz wieder deutlich in ihrer Brust. Wollten Herz und Rubin ihr sagen, dass sie der Wahrheit ganz nah war? Doch was hatte die Holzscheibe damit zu tun?

Sie hatte nicht mehr viel Zeit, denn auf der Bühne wurden bereits die ersten Vorkehrungen für die Siegerehrung der Wettbewerbe getroffen. Schnell wie der Wind flog Rubinia zum Biberfluss. Diesmal stellte sich ihr niemand in den Weg, als sie Baldurs Rennkiste begutachtete. Sie drehte sie auf den Kopf. Da waren sie: die feinen Spuren und Löcher, die ihr bereits beim ersten Mal aufgefallen waren ... Doch was hatten sie mit der kaputten Lenkung zu tun? Rubinia holte die kleine Holzscheibe, die sie auf dem Rennhang gefunden hatte, aus ihrer Gürteltasche und hielt sie an den dünnen Ast, der die beiden Vorderräder verband. Ja, sie war hier befestigt gewesen und offensichtlich abgefallen. Aber warum?

Da erst fiel Rubinia auf, dass der Ast, der die Holzscheibe gehalten hatte, total zerfressen war.

Hier hatten sich wohl ein paar Holzwürmer ein Festmahl gegönnt ... Eine Vielzahl von Gedanken schoss Rubinia auf einmal durch den Kopf, doch sie konnte sie zu keiner Lösung zusammensetzen. Eilig flog sie zum Fest zurück.

Baldur hatte sich nicht zu den Zuschauern gesetzt. Er stand abseits an einen Baum gelehnt und weinte bitterlich. Lorian war bei ihm.

Rubinia fühlte mit dem Biber. Wie schwer musste es ihm fallen, gleich die Preisverleihung zu sehen! Sie flog zu den beiden.

„Ja, die Scheibe gehört zu meiner Lenkung. Wo hast du sie her?", fragte Baldur überrascht, als sie ihm ihren Fund zeigte. Rubinia erzählte es ihm.

Ein junger Elf auf der Bühne bat das Publikum um Ruhe. Enja spielte erneut auf der Spinnwebenharfe. Wieder klang es wunderschön.

„Wir können nix sehen!", jammerten zwei kleine Froschzwillinge, die neben Rubinia und Lorian auf dem Waldboden saßen.

Lorian grinste, nahm sie vorsichtig in seine großen Hände und setzte sie rechts und links auf seine Schultern. „So besser?" Die Frösche nickten überglücklich.

Rubinia musste schmunzeln. Lorian hatte heute gleich zwei Tiere gefunden, denen er helfen konnte. Hinter ihnen auf dem Baumstamm hatte es sich Heidegunde, die Käferdame, gemütlich gemacht.

Heribert kam dazugeflogen. „Schatz, nicht mehr böse sein“, bat er seine Frau.

Rubinia betrachtete die beiden kurz – und plötzlich fiel es ihr wie Tannenzapfen von den

Augen. „Entschuldigung, haben Sie bis vor ein paar Tagen am Biberfluss gewohnt?"

Heidegunde nickte. „Ja, wir haben in einer wunderschönen roten Kiste gelebt, aber mein Mann –" Rubinia unterbrach sie schnell. Ihr war von einem Moment auf den anderen ganz warm ums Herz geworden. „Vielen Dank." Sie wandte sich Baldur zu. „Ich hab die Lösung", sagte sie lächelnd.

Als wollte er ihr beipflichten, leuchtete der Rubin an ihrem Gürtel in einem strahlenden Rot. Das hieß wohl: Bingo!

Kein Zweifel: Sie hatte die Wahrheit gefunden!

Schleunigst berichtete Rubinia Baldur und Lorian, was sie herausgefunden hatte: Heribert und Heidegunde hatten mit ihren Holzwurmkindern in Baldurs Kiste gewohnt und sie versehentlich so durchlöchert, dass sich die Holzscheibe gelöst hatte. Dadurch hatte die Lenkung beim Rennen versagt. Heidegunde, die alles mit angehört hatte, bedauerte zutiefst, dass sie und ihre Familie schuld an seinem Unfall waren. Und plötzlich wurde ihr klar, dass ihr Umzug sogar etwas sehr Gutes hatte: Sonst hätten sie alle unfreiwillig am Rennen teilgenommen! Dankbar umarmte und küsste sie ihren Mann, der gar nicht wusste, wie ihm geschah.

Während die Tiere angeregt weiterplauderten, flog Rubinia schnell zur Bühne. Sie hatte etwas Wichtiges zu erledigen!

Ein besonderer Preis

Sie fand Marandor zusammen mit den anderen weisen Elfen in der ersten Reihe der Zuschauer. Rubinia flog entschlossen auf ihn zu und flüsterte ihm etwas ins Ohr.

Einige Mitglieder des Rates sahen sie strafend an. Diese kleine Elfe nahm sich wirklich einiges heraus!

Rubinia berichtete Marandor von allem, was geschehen war. Je mehr sie erzählte, umso milder wurde sein Blick. Sie flüsterte weiter in sein Ohr. Marandor machte ein überraschtes Gesicht. „Aber das geht nicht", sagte er laut. „Das Rennen ist vorbei! Der Sieger steht fest. Tut mir leid."

Er bedeutete Rubinia zu gehen. Enttäuscht flog sie davon. Sie bekam nicht mit, dass Marandor einen Boten zu sich winkte ...

Auf der Bühne erhielt Didi Dachs gerade von einem jungen Elfen einen wunderschönen Pokal überreicht. Mit stolzgeschwellter Brust nahm er seinen Applaus entgegen.

Rubinia, die sich wieder neben Lorian und Baldur gestellt hatte, sah, dass der Biber erneut mit den Tränen kämpfte. Es tat ihr im Herzen weh. Wie gern hätte sie ihn einfach fröhlich gezaubert!

Da tauchte der Bote von Marandor auf der Bühne auf. Er flüsterte dem jungen Elfen etwas ins Ohr.

„Ich erfahre gerade, dass es in diesem Jahr noch einen Sonderpreis für Blütenkisten besonderer Schönheit und Originalität gibt", verkündete der Elf. „Und dieser geht an ... Baldur Biber!"

Rubinia und Baldur sahen sich an – hatten sie gerade richtig gehört? Ja, es stimmte! Überglücklich flitzte Baldur zur Bühne. Unter großem Applaus bekam auch er einen wunderschönen Pokal überreicht. Er strahlte übers ganze Bibergesicht.

Rubinia zwinkerte Marandor zu: „Danke schön!"

Der junge Elf trat respektvoll zur Seite, als Marandor selbst noch einmal die Bühne betrat.

„Wir möchten uns ebenso bei einer jungen Elfe bedanken, die heute ihre erste Aufgabe erfüllt hat", sagte er feierlich. Er winkte Rubinia zu, auch auf die Bühne zu kommen.

Rubinia warf Enja und Lorian einen überraschten Blick zu. Doo-de-loop! Ihr Herz drehte eine kleine Schleife in ihrer Brust.

„Rubinia, du hast heute einen Vorfall gelöst, der für viel Unruhe und falsche Anschuldigungen gesorgt hat, und die Harmonie wiederhergestellt. Harmonie ist nicht nur während eines schönen Festes wichtig, sondern für unser ganzes Zusammenleben hier im Wald. Du hast damit bereits deine erste Aufgabe erfolgreich erfüllt. Dafür danken wir dir!“

Erneut ertönte begeisterter Applaus. Rubinia stand da wie vom Donner gerührt.

„Gratulation, kleines Fräulein“, sagte der große, weise Elf zu Rubinia, legte eine Hand auf seine Brust und verneigte sich. Dann senkte er die Stimme, sodass nur sie ihn hören konnte. „Aber in Zukunft halten wir uns an die Regeln, ja?“

„Geht klar!“, versprach Rubinia und lachte. Sie sah in die Menge der Elfen, der Tiere und der Pflanzen, die ihr zujubelten, und verstand in diesem Moment, worin ihre Aufgabe bestand. Und sie wusste plötzlich, dass sie diese Aufgabe für all die lieben Wesen von Herzen gern erfüllen würde. Dieser Wald und alle Bewohner waren ihr Zuhause. Magische Dinge passierten hier jeden Tag, ob man nun zaubern konnte oder nicht. Rubinia wollte vor Freude eine kleine Pirouette drehen, doch da sie keine geübte Ballettelfe war, kam sie ins Stolpern.

Sie musste selbst lachen, verbeugte sich schnell und machte, dass sie von der Bühne kam. Alle Waldbewohner lachten mit.

Abends in ihrem weichen Moosbett strich Rubinia über das Amulett. Sie würden noch viele aufregende Abenteuer zusammen erleben, das spürte sie. Und sie freute sich jetzt schon auf ihre nächste Aufgabe!

Karen Christine Angermayer ist Autorin, Verlegerin und Ghostwriterin mit Herz und Seele. Ihr Kopf und ihr Schreibtisch sind immer randvoll gefüllt mit tollen Ideen und Projekten, die sie gerne gaaanz schnell umsetzen will. Darin ist sie der kleinen Waldelfe Rubinia sehr ähnlich. Karen Christine Angermayer lebt mit ihrer Familie am Bodensee und in Rheinhessen.

Elke Broska, geboren 1980, studierte Design in Bielefeld und Mainz. Seit 2007 arbeitet sie freiberuflich für zahlreiche Verlage. Sie lebt mit ihrem Mann in Wiesbaden am Fuße des Taunus und unternimmt dort mit ihrem Hund sehr gerne Spaziergänge durch den Wald. Eine Elfe hat sie dabei zwar bisher noch nicht getroffen, aber wer weiß?

Rubinia Wunderherz

Die mutige Waldelfe

Band 2 | ISBN 978-3-7432-0357-0

Band 3 | ISBN 978-3-7432-0358-7